Impressum
Verlag: BABADADA GmbH, Nedderfeld 112 , 22529 Hamburg
Geschäftsführer / Verlagsleitung: Harald Hof
Druck: Books on Demand GmbH, In de Tarpen 42, 22848 Norderstedt

Imprint
Publisher: BABADADA GmbH, Nedderfeld 112 , 22529 Hamburg, Germany
Managing Director / Publishing direction: Harald Hof
Print: Books on Demand GmbH, In de Tarpen 42, 22848 Norderstedt

el aula
la salle de classe

dividir
diviser

186/2

la pizarra
le tableau noir

el patio
la cour (de récréation)

el maestro/a
le professeur

el papel
le papier

escribir
écrire

el bolígrafo
le stylo

el escritoria
le bureau

la regla
la règle

el libro
le livre

el alumno/a
l'élève

la cartera

le cartable

la caja de lápices

la trousse

el lápiz

le crayon

el sacapuntas

le taille-crayon

la goma de borrar

la gomme

el cuaderno de dibujo

le carnet à dessin

el dibujo
le dessin

el pincel
le pinceau

la caja de pinturas
la boîte de peirture

las tijeras
les ciseaux

el pegamento
la colle

el cuaderno de ejercicios
le cahier d'exercices

los deberes
les devoirs

el número
le chiffre

sumar
additionner

restar
soustraire

multiplicar
multiplier

calcular
calculer

la letra
la lettre

el alfabeto
l'alphabet

la palabra
le mot

el texto

le texte

leer

lire

la tiza

la craie

la lección

la leçon

el cuaderno de notas

le livre de classe

el examen

l'examen

el certificado

le certificat

el uniforme

l'uniforme scolaire

la educación

la formation

la enciclopedia

le lexique

la universidad

l'université

el microscopio

le microscope

el mapa

la carte

la papelera

la corbeille à papier

el hotel
l'hôtel

el albergue
l'auberge

oficina de cambio de divisas
bureau de change

la maleta
la valise

el coche
la voiture

el idioma

la langue

sí / no

oui / non

Vale

d'accord

hola

Salut

el traductor

l'interprète

Gracias

merci

¿cuánto es...?

Combien coûte...?

No entiendo

Je ne comprends pas

el problema

le problème

¡Buenas tardes!

Bonsoir !

¡Buenos días!

Bonjour !

¡Buenas noches!

Bonne nuit !

adiós

Au revoir

la dirección

la direction

el equipaje

les bagages

la bolsa

le sac

la mochila

le sac-à-dos

el invitado

l'hôte

la habitación

la pièce

el saco de dormir

le sac de couchage

la tienda de campaña

la tente

la información turística

l'office de tourisme

la playa

la plage

la tarjeta de crédito

la carte de crédit

el desayuno

le petit-déjeuner

el almuerzo

le déjeuner

la cena

le dîner

el billete

le billet

el ascensor

l'ascenseur

el sello

le timbre

la frontera

la frontière

la aduana

la douane

la embajada

l'ambassade

la visa

le visa

el pasaporte

le passeport

el avión
l'avion

el barco
le navire

el coche de bomberos
le véhicule de pompiers

el autobús
le bus

el camión
le camion

la lancha a motor
le bateau à moteur

la bicicleta
la bicyclette

el coche
la voiture

el transbordador

le ferry

la barca

la barque

la moto

la moto

el coche de policía

la voiture de police

el coche de carreras

la voiture de course

el coche de alquiler

la voiture de location

el préstamo de vehículos

l'auto-partage

la grúa

la voiture de remorquage

el camión de la basura

la benne à ordures

el motor

le moteur

la gasolina

l'essence

la gasolinera

la station d'essence

la señal de tráfico

le panneau indicateur

el tráfico

le trafic

el atasco

l'embouteillage

el aparcamiento

le parking

la estación de tren

la gare

las vías

les rails

el tren

le train

el tranvía

le tramway

el vagón

le wagon

el helicóptero

l'hélicoptère

el aeropuerto

l'aéroport

la torre

la tour

el pasajero

le passager

el contenedor

le conteneur

la caja de cartón

le carton

la carretilla

le chariot

la cesta

la corbeille

despegar / aterrizar

décoller / atterrir

la ciudad

la ville

el pueblo

le village

el centro de la ciudad

le centre-ville

la casa

la maison

el cine
le cinéma

el anuncio
la publicité

la farola
le réverbère

la calle
la rue

el taxi
le taxi

el quiosco
le kiosque

el peatón
le piéton

la acera
le trottoir

el paso de cebra
le passage piéton

ontenedor de basura
oubelle

el cruce
le carrefour

el semáforo
les feux de circulation

CINEMA

la cabaña
la cabane

el apartamento
l'appartement

la estación de tren
la gare

el ayuntamiento
la mairie

el museo
le musée

la escuela
l'école

la universidad

l'université

el banco

la banque

el hospital

l'hôpital

el hotel

l'hôtel

la farmacia

la pharmacie

la oficina

le bureau

la librería

la librairie

la tienda de campaña

le magasin

la floristería

le fleuriste

el supermercado

le supermarché

el mercado

le marché

los grandes almacenes

le grand magasin

la pescadería

la poissonnerie

el centro comercial

le centre commercial

el puerto

le port

el parque

le parc

el banco

la banque

el puente

le pont

las escaleras

les escaliers

el metro

le métro

el túnel

le tunnel

la parada de autobús

l'arrêt de bus

el bar

le bar

el restaurarte

le restaurant

el buzón

la boîte à lettres

el poste indicador

le panneau indicateur

el parquímetro

le parcmèt˜e

el zoo

le zoo

la piscina

le réverbère

la mezquita

la mosquée

la ciudad - la ville

la granja
la ferme

la contaminación
la pollution

el cementerio
la cimetière

la iglesia
l'église

el patio de juego
l'aire de jeux

el templo
le temple

el paisaje
le paysage

la hoja
la feuille

la señal
le panneau indicateur

el camino
le chemin

el prado
le pré

la piedra
la pierre

el árbol
l'arbre

el excursionista
le randonneur

el río
la rivière

la hierba
l'herbe

la flor
la fleur

el valle
la vallée

la colina
la montagne

el lago
le lac

el bosque
la forêt

el desierto
le désert

el volcán
le volcan

el castillo
le château

el arcoíris
l'arc-en-ciel

el champiñón
le champignon

la palmera
le palmier

el mosquito
le moustique

la mosca
la mouche

la hormiga
les fourmis

la abeja
l'abeille

la araña
l'araignée

el escarabajo

le coléoptère

la rana

la grenouille

la ardilla

l'écureuil

el erizo

le hérisson

la liebre

le lièvre

la lechuza

la chouette

el pájaro

l'oiseau

el cisne

le cygne

el jabalí

le sanglier

el ciervo

le cerf

el alce

l'élan

la presa

le barrage

la turbina eólica

l'éolienne

el panel solar

le panneau solaire

el clima

le climat

el camarero
le serveur

el menú
le menu

la silla
la chaise

la sopa
la soupe

la pizza
la pizza

el mantel
la nappe

la cubertería
les couverts

el primer plato

les hors d'œuvre

el plato principal

le plat principal

el postre

le desser:

las bebidas

les boissons

la comida

l'alimentation

la botella

la bouteille

la comida rápida

le fast-food

la comida callejera

les plats à emporter

la tetera

la théière

el azucarero

le sucrier

la porción

la portion

la cafetera expreso

la machine à expresso

la trona

la chaise haute

la cuenta

la facture

la bandeja

le plateau

el cuchillo

le couteau

el tenedor

la fourchette

la cuchara

la cuillère

la cucharilla

la cuillère à thé

la servilleta

la serviette

el vaso

le verre

el plato

l'assiette

el plato hondo

l'assiette à soupe

el platillo

la soucoupe

la salsa

la sauce

el salero

la salière

el molinillo de pimienta

le moulin à poivre

el vinagre

le vinaigre

el aceite

l'huile

las especias

les épices

el ketchup

le ketchup

la mostaza

la moutarde

la mayonesa

la mayonnaise

la oferta especial
l'offre promotionnelle

el cliente
le client

los lácteos
les produits laitiers

la fruta
les fruits

el carro de compra
le chariot

la carniceria
la boucherie

las verduras
les légumes

la panadería
la boulangerie

la carne
la viande

pesar
peser

los alimentos congelados
les aliments surgelés

los fiambres
la charcuterie

las conservas
les conserves

el detergente en polvo
la poudre à lessive

los dulces
les bonbons

productos de uso doméstico
les articles ménagers

productos de limpieza
les détergents

la vendedora
la vendeuse

la caja de cartón
la caisse

el cajero
le caissier

la lista de la compra
la liste d'achats

el horario de atención al público
les heures d'ouverture

la cartera
le portefeui le

la tarjeta de crédito
la carte de crédit

la bolsa de plástico
le sac

la bolsa de plástico
le sac en plastique

el agua

l'eau

el zumo

le jus de fruit

la leche

le lait

la cola

le coca

el vino

le vin

la cerveza

la bière

el alcohol

l'alcool

el cacao

le chocolat chaud

el té

le thé

el café

le café

el expreso

l'expresso

el capuchino

le cappuccino

el plátano

la banane

la manzana

la pomme

la naranja

l'orange

el melón

le melon

el limón

le citron.

la zanahoria

la carotte

el ajo

l'ail

el bambú

le bambou

la cebolla

l'oignon

el champiñón

le champignon

las avellanas

les noisettes

los fideos

les pâtes

las espagueti

les spaghetti

el arroz

le riz

la ensalada

la salade

las patatas fritas

les pommes frites

las patatas fritas

les pommes de terre rôties

la pizza

la pizza

la hamburguesa

le hamburger

el sándwich

le sandwich

el filete

l'escalope

el jamón

le jambon

le salami

le salami

la salchicha

la saucisse

el pollo

le poulet

el asado

le rôti

el pescado

le poisson

los copos de avena

les flocons d'avoine

el muesli

le muesli

los copos de maíz

les cornflakes

la harina

la farine

el cruasán

le croissant

el panecillo

les petits-pains

el pan

le pain

la tostada

le pain grillé

las galletas

les biscuits

la mantequilla

le beurre

la cuajada

le fromage blanc

el pastel

le gâteau

el huevo

l'œuf

el huevo frito

l'œuf au plat

el queso

le fromage

el helado

la glace

el azúcar

le sucre

la miel

le miel

la mermelada

la confiture

la crema de turrón

la crème nougat

el curry

le curry

la granja
la ferme

el granero
la grange

el fardo de paja
la botte de paille

el campo
le champ

el caballo
le cheval

el remolque
la remorque

el potro
le poulain

el tractor
le tracteur

el burro
l'âne

la oveja
le mouton

el cordero
l'agneau

la cabra
la chèvre

la vaca
la vache

el ternero
le veau

el cerdo
le porc

el cerdito
le porcelet

el toro
le taureau

el ganso

l'oie

el pato

le canard

el pollo

le poussin

la gallina

la poule

el gallo

le coq

la rata

le rat

el gato

le chat

el ratón

la souris

el buey

le bœuf

el perro

le chien

la perrera

le chenil

la manguera

le tuyau de jardin

la regadera

l'arrosoir

la guadaña

la faucheuse

el arado

la charrue

la hoz

la faucille

la azada

la pioche

la horca

la fourche

el hacha

la hache

la carretilla

la brouette

el abrevadero

la cuve

la lechera

le pot à lait

el saco

le sac

la valla

la clôture

el establo

l'étable

el invernadero

le serre

el suelo

le sol

la semilla

les semences

el fertilizador

l'engrais

la cosechadora

la moissonneuse-batteuse

cosechar

récolter

la cosecha

la récolte

el ñame

l'igname

el trigo

le blé

el soja

le soja

la patata

la pomme de terre

el maíz

le maïs

la semilla de colza

le colza

el árbol frutal

l'arbre fruitier

la mandioca

le manioc

las cereales

les céréales

la chimenea
la cheminée

el tejado
le toit

el canalón
la gouttière

la ventana
la fenêtre

el garaje
le garage

el timbre
la sonnette

la puerta
la porte

el cubo de basura
la poubelle

el buzón
la boîte aux lettres

el jardín
le jardin

la sala
le salon

el cuarto de baño
la salle de bain

la cocina
la cuisine

el dormitorio
la chambre à coucher

la habitación de los niños
la chambre d'enfant

el comedor
la salle à manger

el suelo
le sol

la pared
le mur

el techo
le plafond

el sótano
la cave

la sauna
le sauna

el balcón
le balcon

la terraza
la terrasse

la piscina
la piscine

el cortacésped
la tondeuse à gazon

la sábana
la housse

la colcha
la couette

la cama
le lit

la escoba
le balai

el balde
le sceau

el interruptor
l'interrupteur

el papel pintado
le papier peint

la imagen
l'image

la lámpara
la lampe

el estante
l'étagère

el armario
l'armoire

la televisión
la télé

la chimenea
la cheminée

la flor
la fleur

el cojín
le coussin

el sofá
le sofa

el jarrón
le vase

el mando a distancia
la télécommande

la alfombra
le tapis

la cortina
le rideau

la mesa
la table

la silla
la chaise

el mecedora
la chaise à bascule

la butaca
le fauteuil

el libro
le livre

la manta
la couverture

la decoración
la décoration

la leña
le bois de chauffage

la película
le film

el equipo de música
la chaîne hi-fi

la llave
la clé

el periódico
le journal

la pintura
la peinture

el póster
le poster

la radio
la radio

el cuaderno
le bloc-notes

la aspiradora
l'aspirateur

el cactus
le cactus

la vela
la bougie

el refrigerador
le réfrigérateur

el microondas
le four à micro-ondes

la balnza de cocina
la balance de cuisine

la tostadora
le grille-pain

el detergente
le détergent

el congelador
le compartiment congélateur

el horno
le four

el cubo de basura
la poubelle

el lavavajillas
le lave-vaisselle

la olla a presión
le four

la olla
la casserole

la olla de hierro fundido
la marmite

el wok
le wok / kadai

la cazuela
la poêle

el hervidor
la bouilloire electrique

la vaporera

le cuiseur vapeur

la chapa de horno

la plaque de cuisson

la vajilla

la vaisselle

la taza

le gobelet

el tazón

la coupe

los palillos

les baguettes

el cucharón

la louche

la espumadera

la spatule

el batidor

le fouet

el colador

la passoire

el cedazo

le tamis

el rallador

la râpe

el mortero

le mortier

la barbacoa

le barbecue

la hoguera

la cheminée

la tabla de picar

la planche à découper

el rodillo

le rouleau à pâtisserie

el sacacorchos

le tire-bouchon

la lata

la boîte

el abrelatas

l'ouvre-boîte

el agarrador

les maniques

el lavabo

le lavabo

el cepillo

la brosse

la esponja

l'éponge

la batidora

le mixeur

el congelador

le congélateur

el biberón

le biberon

el grifo

le robinet

la cocina - la cuisine

la calefacción
le chauffage

la ducha
la douche

la toalla
la serviette

la cortina de la ducha
le rideau de douche

el baño de espuma
le bain moussant

la bañera
la baignoire

el vaso
le verre

la lavadora
la machine à laver

las baldosas
le carrelage

el grifo
le robinet

el orinal
le pot

el lavabo
le lavabo

el inodoro

les toilettes

el inodoro rústico

la toilette à la turque

el bidé

le bidet

el urinario

l'urinoir

el papel higiénico

le papier toilette

la escobilla del váter

la brosse à toilette

el cepillo de dientes

la brosse à dents

la pasta de dientes

le dentifrice

el hilo dental

le fil dentaire

lavar

laver

la ducha de mano

la douche manuelle

la ducha íntima

la douche intime

la pila

la vasque

el cepillo de espalda

la brosse dorsale

el jabón

le savon

el gel de ducha

le gel douche

el champú

le shampooing

la toallita

le gant de toilette

el desagüe

l'écoulement

la crema

la crème

el desodorante

le déodorant

el espejo

le miroir

el espejo de tocador

le miroir cosmétique

la maquinilla de afeitar

le rasoir

la espuma de afeitar

la mousse à raser

la loción postafeitado

l'après-rasage

el peine

la peigne

el cepillo

la brosse

el secador

le sèche-cheveux

la laca

la laque pour cheveux

el maquillaje

le fond de teint

el pintalabios

le rouge à lèvres

el pintauñas

le vernis à ongles

el algodón

l'ouate

el cortauñas

le coupe-ongles

el perfume

le parfum

el estuche de viaje
....
la trousse de toilette

la banqueta
....
le tabouret

la balanza
....
le pèse-personne

el albornoz
....
le peignoir

los guantes de goma
....
les gants de nettoyage

el tampón
....
le tampon

la compresa
....
es serviettes hygiéniques

el inodoro químico
....
la toilette chimique

el despertador
le réveil

el peluche
le doudou

el coche de juguete
la voiture jouet

el sonajero
le hochet

la casa de muñecas
la maison de poupée

el regalo
le cadeau

el globo
le ballon

la cama
le lit

el coche de niño
la poussette

los naipes
le jeu de cartes

el puzle
le puzzle

el tebeo
la bande dessinée

las piezas de lego

les pièces lego

los bloques de juguete

les blocs de construction

la figura de acción

la figurine

el bodi (de bebé)

la grenouillère

el frisbee

le frisbee

el colgador móvil para bebés

le mobile

el juego de mesa

le jeu de société

los dados

le dé

el circuito de tren eléctrico

le train miniature

el maniquí

la sucette

la fiesta

la fête

el álbum de fotos

le livre d'images

la pelota

la balle

la muñeca

la poupée

jugar

jouer

el cajón de arena

le bac à sable

el columpio

la balançoire

los juguetes

les jouets

la videoconsola

la console de jeu

el triciclo

le tricycle

el oso de peluche

l'ours en peluche

la guardarropa

l'armoire

la ropa
les vêtements

los calcetines

les chaussettes

las medias

les bas

los leotardos

le collant

la bufanda
l'écharpe

el paraguas
le parapluie

la camiseta
le t-shirt

el cinturón
la ceinture

las botas
les bottes

las zapatillas
les pantoufles

las deportivas
les baskets

las sandalias
....
les sandales

los zapatos
....
les chaussures

las botas de goma
....
les bottes de caoutchouc

el slip
....
les sous-vêtements

el sostén
....
le soutien-gorge

el chaleco
....
le maillot de corps

el bodi

le body

los pantalones cortos

le pantalon

los vaqueros

le jean

la falda

la jupe

la blusa

le chemisier

la camisa

la chemise

el jersey

le pull

el suéter

le sweat à capuche

el blazer

la veste

la chaqueta

la veste

el abrigo

le manteau

la gabardina

l'imperméable

el traje

le costume

el vestido

la robe

el vestido de novia

la robe de mariée

el traje

le costume

el camisón

la chemise de nuit

el pijama

le pyjama

el sati

le sari

el bandana

le foulard

el turbante

le turban

la burka

la burqa

el caftán

le caftan

la abaya

l'abaya

el traje de baño

le maillot de bain

el bañador

le maillot de bain

los pantalones cortos

le short

el chándal

la tenue d'entraînement

el delantal

le tablier

los guantes

les gants

el botón

le bouton

las gafas

les lunettes

el brazalete

le bracelet

el collar

le collier

el anillo

la bague

el pendiente

la boucle d'oreille

la gorra

le bonnet

la percha

le cintre

el sombrero

le chapeau

la corbata

la cravate

la cremallera

la fermeture éclair

el casco

le casque

los tirantes

les bretelles

el uniforme

l'uniforme scolaire

el uniforme

l'uniforme

el babero

le bavoir

el maniquí

la sucette

el pañal

la lange

el servidor
le serveur

el archivo
l'armoire d'archivage

la impresora
l'imprimante

el papel
le papier

el monitor
l'écran

el escritoria
le bureau

el ratón
la souris

la carpeta
le classeur

el teclado
le clavier

la papelera
la corbeille à papier

el ordenador
l'ordinateur

la silla
la chaise

la taza de café

la tasse de café

la calculadora

la calculatrice

el interne:

l'internet

el portátil

l'ordinateur portable

la carta

la lettre

el mensaje

le message

el móvil

le portable

la red

le réseau

la fotocopiadora

la photocopieuse

el software

le logiciel

el teléfono

le téléphone

la toma de corriente

la prise

el fax

le fax

el formulario

le formulaire

el documento

le document

comprar

acheter

pagar

payer

comerciar

faire du commerce

el dinero

la monnaie

el dólar

le dollar

el euro

l'euro

el yen

le yen

el rublo

le rouble

el franco suizo

le franc suisse

el renminbi yuan

le renminbi yuan

la rupia

la roupie

el cajero automático

le distributeur automatique

la oficina de cambio de divisas

le bureau de change

el oro

l'or

la plata

l'argent

el petróleo

le pétrole

la energía

l'énergie

el precio

le prix

el contrato

le contrat

el impuesto

la taxe

la acción

l'action

trabajar

travailler

el empleador

l'employé

el empleador

l'employeur

la fábrica

l'usine

la tienda de campaña

le magasin

la economía - l'économie

el agente de policía
l'agent de police

el bombero
le pompier

el cocinero
le cuisinier

el médico
le médecin

el piloto
le pilote

el jardinero
le jardinier

el carpintero
le menuisier

la costurera
la couturière

el juez
le juge

el farmacéutico
le chimiste

el actor
l'acteur

el conductor de autobús

le conducteur de bus

el taxista

le chauffeur de taxi

el pescador

le pêcheur

la señora de la limpieza

la femme de ménage

el techador

le couvreur

el camarero

le serveur

el cazador

le chasseur

el pintor

le peintre

el panadero

le boulanger

el electricista

l'électricien

el obrero

l'ouvrier

el ingeniero

l'ingénieur

el carnicero

le boucher

el fontanero

le plombier

el cartero

le facteur

el soldado

le soldat

el arquitecto

l'architecte

el cajero

le caissier

el florista

le fleuriste

el peluquero

le coiffeur

el revisor

le contrôleur

el mecánico

le mécanicien

el capitán

le capitaine

el dentista

le dentiste

el científico

le scientifique

el rabino

le rabbin

el imán

l'imam

el monje

le moine

el sacerdote

le prêtre

los oficios - les professions

el martillo
le marteau

los alicates
les pinces

el destornillador
le tournevis

la linterna
la torche

la llave
la clé

la excavadora

la pelleteuse

la caja de herramientas

la boîte à outils

la escalera de mano

l'échelle

la sierra

la scie

los clavos

les clous

el taladro

la perceuse

reparar

réparer

la pala

la pelle

¡Maldita sea!

Mince !

el recogedor

la pelle

el bote de pintura

le pot de peinture

los tornillos

les vis

los instrumentos musicales
les instruments de musique

la batería
la batterie

el altavoz
le haut-parleurs

la guitarra
la guitare

el contrabajo
la contrebasse

la trompeta
la trompette

el piano

le piano

el violín

le violon

bajo

la basse

los timbales

les timbales

el tambor

le tambour

el teclado

le piano électrique

el saxofón

le saxophone

la flauta

la flûte

el micrófono

le microphone

el tigre
le tigre

la entrada
l'entrée

la jaula
la cage

la cebra
le zèbre

el pienso
l'alimentation animale

el panda
le panda

los animales
les animaux

el elefante
l'éléphant

el canguro
le kangourou

el rinoceronte
le rhinocéros

el gorila
le gorille

el oso
l'ours

el camello

le chameau

el avestruz

l'autruche

el león

le lion

el mono

le singe

el flamingo

le flamand rose

el loro

le perroquet

el oso polar

l'ours polaire

el pingüino

le pingouin

el tiburón

le requin

el pavo real

le paon

la serpiente

le serpent

el cocodrilo

le crocodile

el guardián de zoológico

le gardien de zoo

la foca

le phoque

el jaguar

le jaguar

el poni

le poney

el leopardo

le léopard

el hipopótamo

l'hippopotame

la jirafa

la girafe

el águila

l'aigle

el jabalí

le sanglier

el pescado

le poisson

la tortuga

la tortue

la morsa

le morse

el zorro

le renard

la gacela

la gazelle

el fútbol americano
l'american Football

el ciclismo
le cyclisme

el tenis
le tennis

el baloncesto
le basket-ball

la natación
la natation

el boxeo
la boxe

el hockey sobre hielo
le hockey sur glace

el fútbol
le football

el bádminton
le badminton

el atletismo
l'athlétisme

el balonmano
le handball

el esquí
le ski

el polo
le polo

saltar
sauter

reír
rire

abrazar
embrasser

caminar
marcher

cantar
chanter

soñar
rêver

rezar
prier

besar
faire la bise

escribir
écrire

dibujar
dessiner

mostrar
montrer

empujar
pousser

dar
donner

tomar
prendre

tener
....
avoir

hacer
....
faire

ser
....
être

estar de pie
....
être debout

correr
....
courir

tirar
....
trier

tirar
....
jeter

caer
....
tomber

yacer
....
être couché

esperar
....
attendre

llevar
....
porter

estar sentado
....
être assis

vestirse
....
s'habiller

dormir
....
dormir

despertar
....
se réveiller

mirar

regarder

llorar

pleurer

acariciar

caresser

peinar

peigner

hablar

parler

entender

comprendre

preguntar

demander

escuchar

écouter

beber

boire

comer

manger

ordenar

ranger

amar

aimer

cocinar

cuire

conducir

conduire

volar

voler

navegar

faire de la voile

calcular

calculer

leer

lire

aprender

apprendre

trabajar

travailler

casarse

se marier

coser

coudre

cepillarse los dientes

brosser les dents

matar

tuer

fumar

fumer

enviar

envoyer

abuela
grand-mère

el abuelo
le grand-père

el padre
le père

la madre
la mère

el bebé
le bébé

la hija
la fille

el hijo
le fils

el invitado

l'hôte

la tía

la tante

el tío

l'oncle

el hermano

le frère

la hermana

la sœur

la frente
le front

el ojo
l'œil

la cara
le visage

el pecho
la poitrine

la barbilla
le menton

el hombro
l'épaule

el dedo
le doigt

la mano
la main

la pierna
la jambe

el brazo
le bras

el bebé
le bébé

el hombre
l'homme

la mujer
la femme

la chica
la fille

el chico
le garçon

la cabeza
la tête

la espalda

le dos

el vientre

le ventre

el ombligo

le nombril

el dedo del pie

l'orteil

el talón

le talon

el hueso

l'os

la cadera

la hanche

la rodilla

le genou

el codo

le coude

la nariz

le nez

el trasero

les fesses

la piel

la peau

la mejilla

la joue

el oído

l'oreille

el labio

la lèvre

la boca

la bouche

el diente

la dent

la lengua

la langue

el cerebro

le cerveau

el corazón

le cœur

el músculo

le muscle

el pulmón

les poumons

el hígado

le foie

el estómago

l'estomac

los riñones

les reins

el sexo

le rapport sexuel

el condón

le préservatif

el ovario

l'ovule

el semen

le sperme

el embarazo

la grossesse

la menstruación

la menstruation

la vagina

le vagin

el pene

le pénis

la ceja

le sourcil

el pelo

les cheveux

el cuello

le cou

el cuerpo - le corps

71

el hospital
l'hôpital

la ambulancia
l'ambulance

la silla de ruedas
le fauteuil roulant

la fractura
la fracture

el médico

le médecin

la sala de urgencias

le service des urgences

la enfermera

l'infirmière

la urgencia

l'urgence

inconsciente

inconscient

el dolor

la douleur

la lesión
la blessure

la hemorragia
l'hémorragie

el infarto
la crise cardiaque

el ictus
l'attaque cérébrale

la alergia
l'allergie

la tos
la toux

la fiebre
la fièvre

la gripe
la grippe

la diarrea
la diarrhée

el dolor de cabeza
le mal de tête

el cáncer
le cancer

la diabetes
le diabète

el cirujano
le chirurgien

el bisturí
le scalpel

la operación
l'opération

TAC

le CT

los rayos x

la radiographie

el ultrasonido

l'échographie

la mascarilla

le masque

la enfermedad

la maladie

la sala de espera

la salle d'attente

la muleta

la béquille

la tirita

le pansement

la venda

le pansement

la inyección

l'injection

el estetoscopio

le stéthoscope

la camilla

le brancard

el termómetro

le thermomètre

el nacimiento

l'accouchement

el sobrepeso

la surcharge pondérale

el audífono

l'appareil auditif

el desinfectante

le désinfectant

la infección

l'infection

el virus

le virus

VIH / SIDA

le VIH / le sida

la medicina

le médicament

la vacunación

la vaccination

las tabletas

les comprimés

la pastilla

la pilule

la llamada de urgencia

l'appel d'urgence

el tensiómetro

le tensiomètre

enfermo / sano

malade / sain

¡Socorro!

Au secours !

la alarma

l'alarme

el asalto

l'assaut

el ataque

l'attaque

el peligro

le danger

la salida de emergencia

la sortie de secours

¡Fuego!

Au feu!

el extintor de incendios

l'extincteur

el accidente

l'accident

el botiquín de primeros auxilios

la trousse de premier secours

SOS

SOS

la policía

la police

Europa

l'Europe

Norteamérica

l'Amérique du Nord

Sudamérica

l'Amérique du Sud

África

l'Afrique

Asia

l'Asie

Australia

l'Australie

el atlántico

l'Océan atlantique

el Pacífico

l'Océan pacifique

el Océano Índico

l'Océan indien

el Océano Antártico

l'Océan antarctique

el Océano Ártico

l'Océan arctique

el polo norte

le Pôle nord

el polo sur

le Pôle sud

La Antártida

l'Antarctique

la tierra

la terre

la tierra

le pays

el mar

la mer

la isla

l'île

la nación

la nation

el estado

l'état

la esfera

le cadran

la manecilla de las horas

l'aiguille des heures

el minutero

l'aiguille des minutes

el segundero

l'aiguille des secondes

¿Qué hora es?

Quelle heure est-il ?

el día

le jour

el tiempo

le temps

ahora

maintenant

el reloj digital

la montre digitale

el minuto

la minute

la hora

l'heure

la semana
la semaine

lunes / lundi
martes / mardi
miércoles / mercredi
jueves / jeudi
viernes / vendredi
sábado / samedi
domingo / dimanche

ayer

hier

hoy

aujourd'hui

mañana

demain

la mañana

le matin

el mediodía

le midi

la tarde

le soir

los días laborables

les jours ouvrables

el fin de semana

le week-end

la lluvia
la pluie

el arcoíris
l'arc-en-ciel

la nieve
la neige

el viento
le vent

la primavera
le printemps

el otoño
l'automne

el verano
l'été

el invierno
l'hiver

el pronóstico del tiempo
....
la météo

el termómetro
....
le thermomètre

el sol
....
la lumière du soleil

la nube
....
le nuage

la niebla
....
le brouillard

la humedad
....
l'humidité

el rayo

la foudre

el trueno

la tonnerre

la tormenta

la tempête

el granizo

la grêle

el monzón

la mousson

la inundación

l'inondation

el hielo

la glace

enero

janvier

febrero

février

marzo

mars

abril

avril

mayo

mai

junio

juin

julio

juillet

agosto

août

septiembre
············
septembre

octubre
············
octobre

noviembre
············
novembre

diciembre
············
décembre

las formas
les formes

el círculo
············
le cercle

el cuadrado
············
le carré

el rectángulo
············
le rectangle

el triángulo
············
le triangle

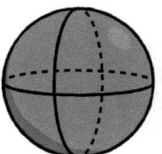

la esfera
············
la sphère

el cubo
············
le cube

blanco

blanc

amarillo

jaune

anaranjado

orange

rosa

rose

rojo

rouge

morado

violet

azul

bleu

verde

vert

marrón

marron

gris

gris

negro

noir

mucho / poco

beaucoup / peu

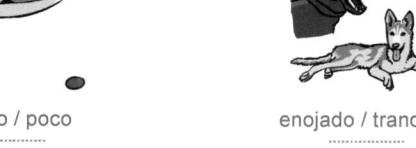

enojado / tranquilo

fâché / calme

bonito / fec

joli / laid

principio / fin

le début / la fin

grande / pequeño

grand / petit

claro / oscuro

clair / obscure

el hermano / la hermana

frère / soeur

limpio / sucio

propre / sale

completo / incompleto

complet / incomplet

el día / la noche

le jour / la nuit

muerto / vivo

mort / vivant

ancho / estrecho

large / étroit

comestible / no comestible

comestible / incomestible

malo / amable

méchant / gentil

entusiasmado / aburrido

excité / ennuyé

gordo / delgado

gros / mince

primero / último

le premier / le dernier

el amigo / el enemigo

l'ami / l'ennemi

lleno / vacío

plein / vide

duro / blando

dur / souple

pesado / ligero

lourd / léger

el hambre / la sed

faim / soif

enfermo / sano

malade / sain

ilegal / legal

illégal / légal

inteligente / tonto

intelligent / stupide

izquierda / derecha

gauche / droite

cerca / lejos

proche / loin

nuevo / usado

nouveau / usé

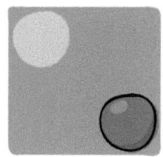

nada / algo

rien / quelque chose

viejo / joven

vieux / jeunə

encendido / apagado

marche / arrêt

abierto / cerrado

ouvert / fermé

silencioso / ruicoso

faible / fort

rico / pobre

riche / pauvre

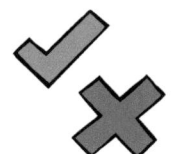

correcto / incorrecto

correct / incorrect

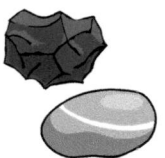

áspero / suave

rugueux / lissə

triste / contento

triste / heureux

corto / largo

court / long

lento / rápido

lent / rapide

húmedo / seco

mouillé / sec

cálido / frío

chaud / froid

guerra / paz

la guerre / la pa x

los opuestos - les oppositions

0

cero

zéro

1

uno

un / une

2

dos

deux

3

tres

trois

4

cuatro

quatre

5

cinco

cinq

6

seis

six

7

siete

sept

8

ocho

huit

9

nueve

neuf

10

diez

dix

11

once

onze

12
doce
douze

13
trece
treize

14
catorce
quatorze

15
quince
quinze

16
dieciséis
seize

17
diecisiete
dix-sept

18
dieciocho
dix-huit

19
diecinueve
dix-neuf

20
veinte
vingt

100
cien
cent

1.000
mil
mille

1.000.000
el millón
le million

los idiomas

les langues

el inglés
....
l'anglais

el inglés americano
....
l'anglais américain

el chino madarín
....
le chinois mandarin

el hindi
....
le hindi

el español
....
l'espagnol

el francés
....
le français

el árabe
....
l'arabe

el ruso
....
le russe

el portugués
....
le portugais

el bengalí
....
le bengali

el alemán
....
l'allemand

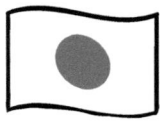

el japonés
....
le japonais

yo

je

tú

tu

él / ella / ello

il / elle / ce, c', cela

nosotros/as

nous

vosotros/as

vous

ellos/as

ils / elles

¿quién?

Qui ?

¿qué?

Quoi ?

¿cómo?

Comment ?

¿dónde?

Où ?

¿cuándo?

Quand ?

el nombre

le nom

detrás
....
derrière

en
....
dans

delante de
....
devant

por encima de
....
au-dessus

sobre
....
sur

debajo de
....
en-dessous

junto a
....
à côté de

entre
....
entre

el lugar
....
le lieu